Sven Kleeblatt - Geiko

Sven Kleeblatt

Geiko

Erste Schritte auf dem Weg
der Kampfkünste

Erstausgabe Oktober 2002

Illustrationen von Claudia Ssuschke

Herstellung: Books on Demand GmbH, Norderstedt

ISBN 3-8311-4046-4

Habe Mut,
dich deines eigenen Verstandes zu bedienen.
(*Kant*)

Werde, der du bist!
(*Nietzsche*)

Inhalt

Einleitung

Willkommen in der Welt der ostasiatischen Kampfkünste. Dieses kleine Buch soll dir helfen dich besser in dieser Welt zurecht zu finden.
Ich verspreche dir nicht, dich unbesiegbar zu machen. Ich beschreibe dir auch keine Selbstverteidigungstechniken. Das ist die Aufgabe deines Lehrers. Regel Nummer eins lautet: Kampfkunst kannst du nicht aus Büchern lernen! Bücher können jedoch Denkanstöße und Anregungen liefern.

Dieses Buch ist speziell für dich als Anfänger in den Kampfkünsten konzipiert. Es erhebt nicht den Anspruch auf Vollständigkeit. Ich möchte dir damit lediglich die Welt der Kampfkunst näher bringen und deine Anfangsfragen beantworten. Das Training kann dir viel mehr geben als du heute vielleicht glaubst. Die Umsetzung liegt aber ganz bei dir. Ein paar Begriffe hast du vielleicht auch schon von deinem Kampfkunst-Lehrer erklärt bekommen. Aber zu Hause in aller Ruhe kann man sich die Materie leichter verinnerlichen. Außerdem kannst du mit Hilfe dieses Buches bei Bedarf das eine oder andere noch einmal nachschlagen. Zur weiteren Vertiefung der einzelnen Themen steht dir im Anhang ein kleines Verzeichnis mit interessanten Buchtipps zur Verfügung.

Was erwartet dich in diesem Buch?

Zu Beginn werde ich mit dir über einige Ziele des Kampfkunsttrainings sprechen. Wir werden uns die Kleidung eines Übenden anschauen, damit du im Training optisch eine gute Figur machst.

Im Anschluss betreten wir den Trainingsraum. Ich werde dir die ersten Grundbegriffe und Regeln erklären, welche dich in deinem zukünftigen Trainingsalltag begleiten werden. Eines Tages wirst du darüber nicht mehr nachdenken müssen, weil sie dann in Fleisch und Blut übergegangen sind. Aber aller Anfang ist nun einmal schwer.
Des weiteren werde ich dir das für jeden Anfänger interessante Graduierungssystem erklären. Dieses kann jedoch von Schule zu Schule etwas unterschiedlich sein. Da die Geschichte der Kampfkünste sehr umfangreich ist, haben sich natürlich auch im Laufe der Zeit unzählige Kampfkunstsysteme entwickelt. Die Prinzipien der einzelnen Stile liegen allerdings relativ nah beieinander. Ich habe deshalb dieses Buch so stilneutral wie möglich gehalten. Kampfkunst ist für mich eine Einheit, welches nur im Laufe der Zeit in Teile (Karate, Judo, Aikido usw.) zerstückelt und spezifiziert wurde.
In einem weiteren Gespräch werden wir uns über das Training unterhalten. Du wirst erfahren, welche Rolle ein Lehrer in den Kampfkünsten spielt und welche du als Schüler. Wie bereits erwähnt wirst du keine Techniken in diesem Buch finden. Mir geht es in erster Linie darum, dir die Prinzipen der Kampfkünste zu veranschaulichen. Ich werde mit dir auch auf das Thema Kata/Formen zusprechen kommen. Wozu sie dienen und wie du kreativ damit arbeiten kannst. Im Anschluss daran wirst du ein paar allgemeine Übungen für zu Hause finden. Aber keine Angst, es ist kein immenser Trainingsplan. Sie dienen in erster Linie der Verbesserung deiner Muskulatur, Schnellkraft und Koordination. Das letzte Kapitel wird sich dann mit dem Gesundheitsaspekt der Kampfkünste beschäftigen.

Auf ein Wort

Bevor wir uns in die Fluten stürzen, erlaube mir noch ein paar kurze Bemerkungen zu meiner Person.
Ich begann im Jahre 1996 mit dem Studium der Kampfkünste. ‚Das ist noch keine lange Zeit' denkst du sicherlich jetzt. Damit hast du vollkommen Recht. Ich habe noch keinen weißen Bart und den Stein der Weisen habe ich auch noch nicht gefunden. Und trotzdem schreibe ich ein Buch über Kampfkunst. ‚Steht mir das eigentlich zu in meinem jungen Alter´ wird sich so mancher sicherlich fragen. Warum eigentlich nicht?! Ich bin einfach ein Mensch der seinen Weg in den Kampfkünsten und im normalen Leben geht, nicht mehr und nicht weniger.

Ein Freund inspirierte mich dieses Buch zu schreiben. Er fragte mich, als er mit dem Training begann, ob ich ihm ein Buch für einen Anfänger empfehlen kann. Ich habe ihm dann ein paar Bücher genannt, aber irgendwie war es nicht das was er sich als Anfänger darunter vorgestellt hat.
Bücher über Kampfkunst gibt es viele, aber für einen Anfänger gehen viele zu sehr ins Detail. Sie erschlagen den Anfänger mit Informationen. Oder es sind Bücher in denen Techniken oder gar Anleitungen zur Selbstverteidigung dargestellt werden. Diese Bücher erachte ich persönlich für nicht sehr sinnvoll. Man sollte die Techniken nicht verallgemeinern. Menschen sind unterschiedlich, deshalb bedarf die Erklärung von Techniken und Selbstverteidigung eines kompetenten Lehrers. Alles andere ist eigentlich unverantwortlich, da man ansonsten mehr Schaden als Nutzen anrichten kann.

Kurz und Gut ich habe mich dann spontan dazu entschlossen, dieses Buch zu schreiben. Damit möchte ich dir die Welt der Kampfkünste näher bringen. Vor dir liegt allerdings kein trockenes Fachbuch, welches dir einfach nur Fakten herunter betet. Das ist nicht meine Art und du hättest auch keine Freude daran. Es ist so geschrieben als säßen wir beide nach dem Training beieinander und würden uns über Kampfkunst unterhalten.
Ich habe meine persönliche Begeisterung für Kampfkunst mit in dieses Buch eingebracht und möchte dich daran teilhaben lassen. Wenn du das eine oder andere auf deinem Weg in den Kampfkünsten mitnehmen kannst, würde es mich freuen.
Es geht mir wie schon erwähnt nicht um einzelne Stilrichtungen, sondern um Prinzipien. Diese sind in allen Kampfkünsten ähnlich. Sie existieren seit langer Zeit und haben ihre Gültigkeit bis heute nicht eingebüßt. Nur leider gehen sie in unseren modernen Zeit all zu oft unter. Viele Menschen suchen nur das oberflächige in ihrem Tun, ohne bereit zu sein in eine Sache einzutauchen.

Ich wünsche dir nun viel Spaß beim Lesen dieses kleinen Buches.

Danksagung

Bedanken möchte ich mich als Erstes bei meinem Sensei Soke Heinz Köhnen, der mir vor Augen führt, worauf es im Budo ankommt. Durch ihn erkenne ich jeden Tag aufs Neue, dass es noch viel zu lernen gibt. Er stand mir bei der Buchrealisierung jederzeit mit Rat und Tat zur Seite.

Danken möchte ich auch Sven Huhn, der mich zu diesem Buch inspiriert hat. Danke für deine Ideen und konstruktiven Kritiken.

Mein Dank geht ebenfalls an Shihan Wladimir O. Dexbach und Sifu Martin Wolf. Diese beiden Meister der Kampfkünste standen mir ebenfalls mit ihrem fachlichen Können und ihrer Erfahrung jederzeit gerne zur Seite.

Ein besonderer Dank geht an meine Freundin Claudia. Sie lässt mich Kampfkunst ab und an aus einem anderen Blickwinkel betrachten. Ich danke ihr für ihre Geduld und ihre Hilfe bei der Buchgestaltung.

Kampfkunst

Warum hast du mit dem Training begonnen?

Du möchtest dich verteidigen können. Gut, das ist sicherlich auch ein Trainingseffekt. Aber du solltest nicht zu viel in kurzer Zeit erwarten. Du lernst die Kunst des Kämpfens nicht von heute auf morgen. Es ist ein jahrelanger Lernprozess, um überhaupt erst einmal ein Grundgerüst aufgebaut zu haben.

Aber im Laufe der Jahre wird das Training deine Wahrnehmung verbessern. Dein Auge wird geschult, um auf deinen Gegner entsprechend reagieren zu können. Körpereigene Reflexe werden auf Effektivität umprogrammiert und optimiert. Du bekommst mit der Zeit einen sechsten Sinn. Intuition bestimmt dein Handeln, im Training sowie im normalen Leben. Aber bis dahin ist es ein harter und langer Weg.

Was kann dir Kampfkunst noch vermitteln?

Es gibt viele Menschen, welche gute Techniker sind. Pokale zu gewinnen ist nichts Außergewöhnliches. Leute, die sich auf der Straße öfters erfolgreich geprügelt haben sind auch nicht selten. Ist es demnach etwas Besonderes diese Ziele anzustreben? Warum das gleiche tun wie andere auch? Nur tote Fische schwimmen mit dem Strom.

Kampfkunst ist in erster Linie der Kampf gegen dich selbst. Sie dient der Entwicklung deines Charakters. Jeder Mensch ist einzigartig. Das Training kann in dir dieses Bewusstsein fördern.

Eine große Tugend eines Kampfkünstlers ist die Loyalität. Auf kurz oder lang wirst du erkennen das Loyalität deinem Lehrer und der Sache gegenüber unabdingbar ist. Ohne sie bist du nur ein Konsument, welcher Techniken vermittelt bekommt.

Im Training bekommst du nichts geschenkt. Es ist egal, welchen Status du außerhalb des Trainingsraumes besitzt. In den Kampfkünsten musst du dir alles erst hart erarbeiten. Aber lass dir sagen, es kann sich lohnen.
Durch das Training kannst du dich zu einer wahren Persönlichkeit, mit allen Stärken und Schwächen entwickeln.

Was ist wichtig bei einem Kampfkunstlehrer?

Viele sagen Kampfkunst ist etwas Japanisches. Andere meinen, weil sie selbst Kung-Fu trainieren, es ist etwas Chinesisches. Und dann gibt es ja noch vietnamesische, koreanische und indische Stile. Der Ursprung der heute populärsten Kampfkünste, ist sicherlich Asien. Heute ist es nur leider so, dass man schon fast heilig gesprochen wird, wenn man asiatischer Abstammung ist und Kampfkunst betreibt. Ein Japaner wird in jeden Fall für einen besseren Karate-Sensei gehalten als ein Europäer. Warum? Weil er ein Japaner ist.

In den Kampfkünsten sollte es aber auf den Menschen ankommen, der die Kampfkunst unterrichtet. Es spielt überhaupt keine Rolle aus welcher Region er stammt. Das ist sekundär und unwichtig. Wichtig ist doch, was der Mensch dir persönlich lehren kann. Was kann er dir auf deinem Weg mitgeben? Ist das nicht viel mehr wert?

Du als Anfänger hast das Glück noch am Beginn zu stehen. Deshalb versuche immer hinter die Fassade zu schauen. Manche Menschen, die schon eine Weile Kampfkunst betreiben, sind leider oft in diesem Punkt verblendet. Und wenige davon können oder wollen ihre Scheuklappen ablegen. Das finde ich sehr schade, denn es ist eine sehr oberflächliche Denkweise.

Ich versuche immer den Menschen zu sehen und nicht woher er kommt. Es spielt auch keine Rolle welcher Organisation er angehört, oder wer seine Lehrer waren. Denn das sagt weder etwas über seine Person noch über seine fachlichen Qualitäten aus.

Die Kleiderordnung

Der Anzug eines Budoka* – der Gi

So sieht er aus, dein neuer Kampfanzug. Gi ist die japanische Bezeichnung dafür. Früher wurde er als Untergewand unter der traditionellen japanischen Kleidung getragen. Er besteht aus einer Jacke (Uwagi), Hose (Zubon) und einem Gürtel (Obi). Auf den Obi werde ich auf den nächsten Seiten näher eingehen.

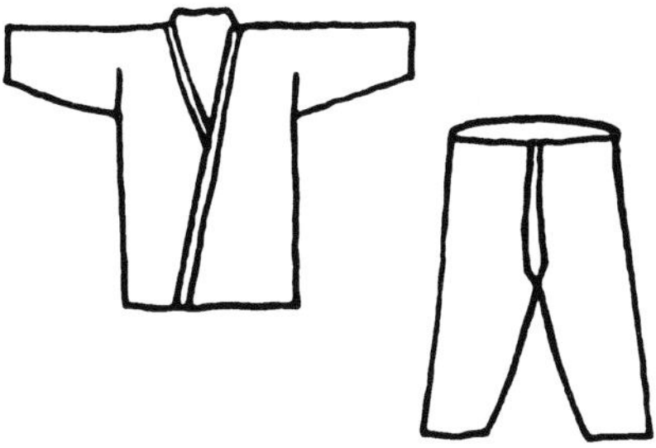

Wenn du dir gerade einen Gi kaufen möchtest, solltest du darauf achten, dass er aus stärkerem Material (12 oz oder mehr) gefertigt ist. Dadurch ist die Qualität besser und du hast länger Freude daran. Mit einem dünnen Anzug kann es schnell einmal passieren, dass er einreißt. Besser du bezahlst etwas mehr, dies wird sich auf die Dauer auszahlen. Die Größe des Anzuges wird in der Regel in Zentimeter angegeben. Wenn du 1,80 Meter groß bist benötigst du somit einen Anzug in der Größe 180. In Ausnahmefällen kann es sein, das du eine Nummer kleiner oder größer brauchst. Das ist ganz von deinem Körperbau abhängig.

**Budoka = der Kampfkunstübende*

Tipp: Sollte der Anzug nach dem Kauf noch etwas zu groß ausfallen, wasche ihn die ersten Male bei 90° in der Waschmaschine. So wird er noch etwas einlaufen.

Die Farbe des Gi kann von Schule zu Schule variieren. Häufig wird ein weißer Gi getragen. Aber auch Schwarz und die Kombination Schwarz und Weiß sind üblich.

Im Aikido, Aikijutsu und Kenjutsu tragen die fortgeschrittenen Schüler anstatt der Hose einen Hakama. Dies ist eine Art Hosenrock, welche in Japan zu der traditionellen Kleidung gehört.

Wort mit drei Buchstaben, japanische Bezeichnung für Gürtel

Sicher hast du schon einmal Kreuzworträtsel gelöst. Vielleicht bist du dabei auch über diese Frage gestolpert. Obi heißt das japanische Kleidungsstück und der Gurt des Budoka. Er ist in der Regel je nach Leibesumfang ca. einen Meter länger als deine Körpergröße.

In den chinesischen Stilen tragen die Schüler oft eine Schärpe. Der Obi oder die Schärpe zeigt den Ausbildungsstand des Schülers an. Darauf werde ich aber später noch näher eingehen.

Für den Umgang mit einem Obi gibt es ein paar ungeschriebene Regeln:

1. Regel
Denke immer daran, ein Budoka wäscht seinen Gürtel niemals. Denn in ihm stecken dein ganzer Schweiß und deine Energie. Wäscht du ihn geht diese verloren.

2. Regel
Den Weißgurt darfst du nicht an jemand anderen überreichen. Er sollte immer in deinem Besitz bleiben. Alle anderen Gürtel kannst du an würdige Kandidaten weitervererben, wenn du sie selbst nicht mehr trägst.

3. Regel
Bekommst du von einem Fortgeschrittenen oder gar deinem Lehrer einen seiner Gurte vererbt, ist das etwas Besonderes. Er symbolisiert dir damit, dass er deine Einstellung zum Training schätzt.

4.Regel
Hast du dir den Gürtel umgebunden hat der Knoten ebenfalls eine Bedeutung. Ist der Knoten noch nicht geschlossen symbolisierst du damit Passivität, das heißt aber nicht Unachtsamkeit. Schließt du den Knoten (siehe auch dazu das rechte Bild auf der nächsten Seite), wenn du die Schwelle des Dojo überschreitest, bist du ab dem Zeitpunkt kampfbereit. Du bist jetzt bereit für den Unterricht.

Schauen wir uns nun an, wie der Gurt um den Bauch gebunden wird. Auf dieser Seite findest du eine Grafik, welche dir das Umbinden des Gürtels veranschaulicht. Das ist die Methode, welche ich persönlich auch bevorzuge, da sich der Gürtel dabei nicht verdreht.

Als erstes legst du ein Ende des Obi (L) an deine rechte Hüfte und hältst es fest, damit es nicht herunterfällt.

Im zweiten Stepp schlingst du dir den Gurt zweimal um deinen Körper herum. Achte darauf, dass sich der Gurt dabei nicht verdreht. Das andere Ende (R) führst du wie auf der linken Grafik beschrieben.

Als nächstes führst du das Ende, welches an deiner rechten Hüfte ist (L), von unten durch. Jetzt bindest du den Knoten wie im mittleren Bild. Das Endprodukt sollte dann so aussehen wie das rechte Bild. Verzage nicht das braucht etwas Übung.

Zusammenlegen des Budo-Gi

Nach dem Training ist es üblich, dass der Budoka seinen Gi zusammenlegt. Die Jacke im Dojo (siehe Grafik) und die Hose in der Umkleidekabine. Früher haben die Schüler sich dieses Bündel dann über die Schulter geworfen und sind nach Hause gegangen. Heute in der Zeit der Rucksäcke und Trainingstaschen ist das eigentlich nicht mehr notwendig. Trotzdem wird der Brauch noch gepflegt. Der Anzug sollte für den Übenden etwas Besonderes darstellen. Schon beim Zusammenlegen des Anzuges zu Hause bereitet sich der Schüler auf den Unterricht vor. Nach dem Training ist es die letzte Tätigkeit, welche ihn wieder auf den Alltag vorbereitet. Deshalb sollte der Anzug, vor und nach dem Training, ordentlich zusammengelegt und nicht zerknittert sein.

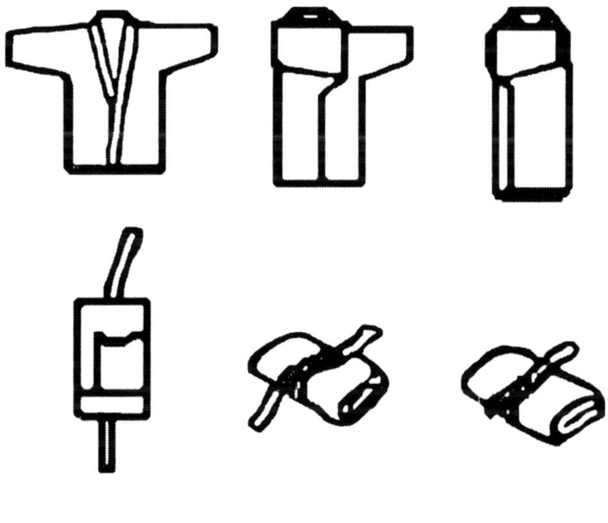

Dojo – der Raum des Lernens

Bedeutung

Nachdem du nun richtig eingekleidet bist betreten wir jetzt den Trainingsraum. Dieser Raum heißt im japanischen Dojo.

Der Begriff Dojo setzt sich zusammen aus den beiden japanischen Schriftzeichen Do und Jo.

Do heißt übersetzt "der Weg". Das Schriftzeichen Do bedeutet ebenfalls Grundsatz, Lehre, Philosophie, Richtung oder Prinzip.

Jo wiederum ist „der Ort“ oder „der Raum“. Jo kann aber auch mit Charakter übersetzt werden.

Dojo ist somit der Ort an dem der Weg der Kampfkünste geübt wird. „Hier gehst du den Weg des Charakters“ sagte mir einmal Shihan Wladimir Dexbach.

Dieser Raum ist ein Ort der Konzentration, der Meditation und des Respekt. Die Schüler haben eine sehr enge Bindung zu ihrem Dojo. Für sie ist es ein heiliger Raum des Lernens und auch ein Zuhause. Das Ryu* ist eine Familie für ihn. Als Anfänger ist das noch nicht ganz nachvollziehbar. Wenn du allerdings tiefer in die Materie einsteigst, wirst du eines Tages verstehen was ich damit meine.

Im Dojo selbst gibt es nicht viele Einrichtungsgegenstände. Die vordere Seite des Dojo nennt man Shômen. Hier befindet sich meist das Schulzeichen, ein Altar oder ein Bild des Stilbegründers. In manchen Dojo hängen an den Wänden noch Übungswaffen.

Ein Dojo sollte immer sauber und gepflegt sein. Es ist die Aufgabe eines jeden Übenden für Sauberkeit zu sorgen. Das fängt bereits bei kleinen Dingen an. Versuche dies gleich von Anfang an umzusetzen.
Denn durch das Reinigen des Dojo reinigst du auch deinen Geist.

**Ryu = Schule*

Rei – der Gruß in den Kampfkünsten

Reigi bedeutet Etikette, Höflichkeit und Verhalten. Der Gruß Rei ist das Zeigen von Respekt, Höflichkeit und Aufrichtigkeit. Er wird meist ausgeführt in Form einer Verbeugung entweder im Stehen oder im Sitzen.

Beim Betreten des Dojo verbeugst du dich an der Tür, aus Dankbarkeit in dem Raum trainieren zu dürfen. Verlässt du das Dojo wieder verbeugst du dich ebenfalls.
Bevor du jedoch das Dojo betrittst lass deine Alltagsprobleme vor der Tür, denn sie haben in einem Dojo nichts zu suchen. Sie lenken dich nur von den Übungen ab. Sie können für deinen Trainingspartner und für dich unter Umständen zu Komplikationen führen. Im Dojo konzentriere dich vollkommen auf die Übungen der Techniken und die Formung deiner Einstellung.
Auch sollte das Dojo nicht mit Schuhen oder Straßenbekleidung betreten werden.

Aus Respekt erfolgt vor jedem Training ein Begrüßungsritual. Dabei nehmen alle Schüler in einer Reihe (geordnet nach Graduierung) Aufstellung. Gehe nie vor dieser Reihe, sondern immer dahinter entlang. Es erfolgt anschließend vom Lehrer das Kommando ***„Seiza“***. Daraufhin setzt du dich in den Fersensitz (Seiza) und legst die Hände auf deine Oberschenkel. Im Anschluss erfolgt das Kommando ***„Mokusô“***. Dabei schließt du deine Augen und leerst deinen Geist und bereitest dich auf das Training vor. Nach einer Weile kommt vom Lehrer das Kommando ***„Mokusô yame***“. Jetzt öffnest du deine Augen wieder.

Es grüßt nun der älteste Schüler in folgender Reihenfolge:

„Shômen ni rei“

Das ist der Gruß zur Vorderseite des Dojo. Jeder Schüler bringt damit zum Ausdruck, dass er sich einem höheren Ideal unterordnet.

„Sensei nie rei“

Dies ist der Gruß zum Lehrer. Du zeigst ihm damit deine Dankbarkeit, dass du etwas von ihm lernen darfst.

„Otagai ni rei“

Zuletzt erfolgt der Gruß untereinander. Der Schüler symbolisiert dadurch, seine Trainingspartner mit Respekt zu behandeln.

Nach jeder einzelnen Ansage verbeugst du dich. Deine Hände berühren dabei den Boden. Zum Abschluss der Begrüßung zeigt der Lehrer dem ältesten Schüler, dass er aufstehen darf. Danach erheben sich nacheinander alle Schüler. Jetzt beginnt das Training.

Die Begrüßung kann aber auch lediglich im Stehen ausgeführt werden.

Widme bei jeder Verbeugung (im Sitzen oder im Stand) deine Aufmerksamkeit trotzdem der Umgebung. Senkst du den Blick zu sehr könntest du jederzeit überrascht werden. Ständige Wachsamkeit gehört auch zum Budo.

Dôjôkun

Die Dôjôkun sind Leitsätze für das Leben im und außerhalb des Dojo. Sie gelten für jeden Schüler der Kampfkünste, egal wie viele Jahre er schon trainiert. Jeder Übende sollte sich diese Leitsätze ab und an einmal vor Augen führen. Der große Karatemeister Sakugawa stellte damals im 18. Jahrhundert die fünf nachfolgenden Grundregeln für das Studium der Kampfkünste auf. Diese haben auch heute noch ihre volle Gültigkeit.

Suche nach der Perfektion deines Charakters
Bemühe dich darum, nicht nur deinen Körper zu trainieren, sondern begegne deinen inneren Unebenheiten mit derselben Kraft, wie du im Training lernst, äußere Schwierigkeiten zu überwinden.

Sei aufrichtig, loyal und zuverlässig
Achte das Leben, deine Kunst und den anderen Menschen. Pflege gegenseitige Beziehungen mit ehrlicher Gesinnung und vermeide Haltungen, durch die du in Frage gestellt werden kannst. Stehe zu deinen Verantwortungen und pflege den Geist der Freundschaft.

Sei achtsam in deinem Streben
Vermeide jede Form egoistischen Strebens. Überwinde den Egoismus, die Selbstsucht und die Habgier, sei maßvoll im Nehmen und großzügig im Geben. Dränge dich nicht in den Vordergrund, halte deine Ansprüche gering und bekenne dich zur Verantwortung, zur Hilfe und Toleranz.

Ehre die Prinzipien der Etikette

Respektiere die Budoetikette und bemühe dich darum, sie in deinem Verhalten sichtbar zu machen. Gehe nicht gedankenlos darüber hinweg und suche nicht nach Entschuldigungen, wenn du sie verletzt. Gleiche Fehler durch erhöhte Hingabe aus und lasse sie nicht auf sich beruhen.

Verzichte auf Gewalt

Missbrauche weder das Wissen, noch das Können, das du dir während der Übung der Kampfkünste angeeignet hast, für eigennützige Zwecke. Bekenne dich zur körperlichen und geistigen Gewaltlosigkeit und bemühe dich in allen Problemsituationen um friedliche Alternativen.

„Ein Meister der Kampfkunst sollte von allem etwas verstehen. Denn ein Spezialist ist ein Mensch, der von immer weniger immer mehr versteht."

Tode Sakugawa

Viele bunte Farben - das Graduierungssystem

Ein paar Worte zur Graduierung allgemein

Bei deinem ersten Besuch in einem Dojo sind dir sicher die vielen bunten Gürtel aufgefallen, welche die einzelnen Schüler dort getragen haben. Was es damit auf sich hat werden wir in diesem Kapitel beleuchten.

Jeder einzelne Gurt zeigt die entsprechende Ausbildungsstufe an, die der Gurtträger bisher erreicht hat. Aber welcher Gurt folgt auf den Nächsten? Am Anfang interessiert das jeden Anfänger, was verständlich ist. Den einen mehr, den anderen weniger.

Nur eines solltest du dir zu Herzen nehmen: Versuche nicht nur den Gürtelfarben hinterher zu jagen.

Mein Sensei sagt über die Bedeutung des Gürtels:

"Der Gürtel dient in erster Linie dazu deinen Anzug zusammenzuhalten."

Das Ziel ist es nicht, das du so schnell wie möglich den schwarzen Gürtel bekommst. Viel besser ist es wenn du in die einzelnen Stufen hineinwächst, technisch sowie auch persönlich. Denke immer daran, jeder weitere Gurt bedeutet auch Verantwortung. Es nützt dir nichts, wenn die Prinzipien der Kampfkünste schlichtweg an dir vorbei gegangen sind und du den schwarzen Gürtel trägst. Wenn es darum geht kannst du dir auch überall einen solchen Gürtel kaufen.

"Ein Mensch, der allein durch die rein technische Vollkommenheit in den Kampfkünsten Ansehen zu gewinnen trachtet, ist einfach dumm. In seiner Unvernunft konzentriert er alle Kräfte auf das eine und erzielt auf diesem Gebiet Erfolge. Er unterlässt es aber, an alles Übrige zu denken. Ein solcher Mensch ist zu nichts zu gebrauchen"

Dieses Zitat schrieb Yamamoto Tsunetomo bereits vor ein paar Jahrhunderten. Und es ist heute noch genauso aktuell. Aber jeder geht seinen Weg und du musst selbst entscheiden, welchen Weg du einschlagen möchtest.

Keine Angst ich möchte dir die Sache nicht vermiesen. Ich denke nur, dass der Gurt-Problematik viel zu viel Bedeutung beigemessen wird. Früher gab es keine Gürtelklassifizierung wie in der heutigen Zeit. Die Schüler kamen zu einem Meister der Kampfkünste und wollten etwas lernen. Jeder aus seinen individuellen Gründen. Das ist heute noch genauso der Fall wie damals.

Jeder Mensch sieht die Welt mit eigenen Augen. Genauso verhält es sich mit der Kampfkunst. Sie ist etwas Individuelles. Was für dich funktioniert und gut ist, muss für jemand anderen nicht genauso effektiv sein.

Das alte Menkyo Graduierungssystem

Früher trainierten die Schüler über Jahre bei ihrem Lehrer. Manche ein ganzes Leben lang. Wenn der Schüler begabt war, erhielt er nach einer gewissen Zeit von seinem Lehrer ein so genanntes Menkyo.

Menkyo ist japanisch und bedeutet soviel wie Lizenz oder Erlaubnis. Das setzte allerdings sehr viel Fleiß und Treue seinem Lehrer gegenüber voraus.

Das Menkyo-System sah folgendermaßen aus:

Kirigami

Dieses Diplom konnte der Schüler nach ein paar Jahren intensivem Training erhalten. Dieser Rang bestätigt die Akzeptanz in der Schule als Ausbilder.

Oku-iri Okuden

war eigentlich dem Kirigami gleichbedeutend. Die wörtliche Übersetzung ist allerdings folgende: "Eingang zu den Geheimnissen"

Mokuroku

konnte erfolgen nach weiteren 3-5 Jahren. Dieser Rang zeigt an, dass der Inhaber die Techniken der Schule gelernt hat.

Menkyo

konnte der Schüler nach weiteren 2-10 Jahren erhalten. Es zeigt die Verbundenheit zur Schule an und war die Lehrbefähigung für das erlernte System.

Kaiden

Der letzte noch zu verbleibende Titel im Menkyo System war der Titel Kaiden. Dieser Titel bedeutet, dass der Inhaber alles gelernt hat was das System zu bieten hatte. Oft wurde auch die Verbindung Menkyo-Kaiden benutzt, womit man zum Ausdruck brachte, dass der Inhaber dieses Diploms die uneingeschränkte Lehrlizenz hat.

Das heute populäre Graduierungssystem

Das heutige Graduierungssystem ist hierarchisch in Form einer Pyramide aufgebaut. Diese ist unterteilt in drei Hauptstufen: Mudansha, Yudansha und Kodansha. Die genaue Farbfolge der Gurte kann von Stil zu Stil variieren. Dieses System ist ca. 1930 entstanden.

Mudansha

Dies sind die Schülergrade in den Kampfkünsten. Sie stellen die untere Stufe der Pyramide dar. Diese Stufe wird je nach System nochmals unterteilt. Die Graduierung nennt man in dieser Stufe Kyû und die Gürtel sind farbig.

Ich werde mich hier auf 6 Kyû-Grade beschränken, da es dem Grundgedanken entspricht. In vielen Systemen gibt es auch 9 oder 10 Kyû-Grade. Die Grundfarben sind jedoch fast identisch. Dort gibt es dann beispielsweise 3 Braungurtgrade.

Die Kyû-Grade werden rückwärts gezählt. Das heißt der 6. Kyu (bzw. 9. oder 10. Kyu) ist somit der Grad des Anfängers. Die Farbe dieses Gürtels ist weiß. Der 1. Kyu ist der höchste Mudansha-Grad. Dies ist der Braungurt. Auf ihn folgt dann der 1.Dan (Schwarzgurt).

Untere Stufe:

6. Kyu (Rokukyu) Weißgurt
5. Kyu (Gokyu) Gelbgurt
4. Kyu (Yonkyu) Orangegurt

In dieser Stufe lernt der Anfänger die ersten Techniken und Stellungen. Sein Körper wird gestärkt und sein Koordinationssinn geschult. Dabei steht der tiefgründige Sinn der Kampfkunst noch nicht im Vordergrund. Das ist auch gut so, da du als Anfänger mit den Grundtechniken bereits genug gefordert sein wirst.

In dieser Stufe wird das Fundament für deine weitere Entwicklung in den Kampfkünsten gelegt. Und dieses ist genauso wichtig, wie das Fundament beim Hausbau. So kann es später auch Unwettern problemlos standhalten. Disziplin, Geduld, der Respekt und die Lernbereitschaft sind Haupttugenden in dieser Anfängerstufe.

Obere Stufe:

3. Kyu (Sankyu)	Grüngurt
2. Kyu (Nikyu)	Blaugurt
1. Kyu (Ikkyu)	Braungurt

Der Schwerpunkt in der oberen Mudansha-Stufe ist ebenfalls die Formlehre. Diese wird jedoch jetzt intensiviert und verfeinert. Nun werden die Schüler vielleicht schon mit den ersten kleinen Aufgaben betraut. Neben der Formlehre wird auch die Beziehung zum Dojo und der Sache intensiviert.

Yudansha

Yudansha nennt man auch die „Krieger-Grade". Sie sind die technischen Meistergrade in den Kampfkünsten und die Meisterschüler des jeweiligen Lehrers. Ein Schüler, der den 1. Schwarzen Gürtel trägt, ist noch lange kein Meister der Kampfkünste.

K.W.Pang sagt über das Erreichen des Schwarzgurtes folgendes:

„Wie erreicht man einen schwarzen Gurt? Man sucht sich einen kompetenten Lehrer und eine gute Schule und fängt an, hart dafür zu arbeiten. Irgendwann ist es dann soweit. Es ist nicht leicht, aber es ist es wert. Es kann ein Jahr dauern; es kann zehn Jahre dauern. Es kann sein, dass man ihn nie erreicht.

Wenn man an der Stelle angelangt ist, an der man erkennt, dass der schwarze Gurt nicht so wichtig wie das Training selbst ist, nähert man sich wahrscheinlich dem schwarzen Gurt. Wenn man erkennt, dass, egal wie lang oder wie hart man trainiert, man ein Leben lang trainieren und lernen muss, ist man wahrscheinlich schon kurz vor einem schwarzen Gurt."

Die Yudansha-Grade werden wieder ganz normal von der kleineren zur größeren Zahl gezählt.

1. Dan (Shodan, Schwarzgurt)

Der Träger des 1. Dan bezeichnet man im traditionellen Sinne als „Suchender nach dem Weg".

2. Dan (Nidan, Schwarzgurt) *eventuell mit 2 Balken*

Der Träger dieses Gurtes steht am „Anfang der Weglehre". Er vertieft die gelernten Techniken und wird in die Okuden eingeweiht. Okuden sind die verschlüsselten Anwendungen der Techniken, welche vom Meister ab dieser Stufe vermittelt werden.

3. Dan (Sandan, Schwarzgurt) *eventuell mit 3 Balken*

Ab dieser Graduierung ist man „anerkannter Wegschüler". Man hat sich dazu entschieden den Weg der Kampfkünste zu seiner Lebensaufgabe zu machen.

4. Dan (Yondan, Schwarzgurt) *eventuell mit 4 Balken*

Ein Krieger mit dieser Graduierung ist ein „Experte der Technik“. Er hat den technischen Teil der Kampfkünste gemeistert. Auf diesem Gebiet gibt es für ihn nichts mehr zu lernen.
Er befindet sich auf der Schwelle zum Kodansha, den selbständigen Lehrern.

Kodansha

Kodansha sind die geistigen Meistergrade in den Kampfkünsten. Es sind die Grade des Wissens und der Reife. Diese Menschen sind keine Schüler mehr, sondern eigenständige Lehrer. Ihnen gebührt die Ehrenbezeichnung Sensei oder Sifu. Sie besitzen das Wissen einen Schüler auf dem Weg zu begleiten, welches über die reine Formlehre hinausgeht.

Das Thema Meister und Lehrer ist im folgenden Kapitel detaillierter beschrieben. Hier lediglich die Gliederung der Graduierungen dieser Stufe.

5. Dan (Godan)
Schwarzgurt, *eventuell* mit 5 Balken

6. Dan (Rokkudan)
Rot/Weißgurt geblockt, in einigen Systemen auch weiterhin schwarz

7. Dan (Shichidan)
Rot/Weißgurt geblockt, in einigen Systemen auch weiterhin schwarz

8. Dan (Hachidan)
Rot/Weißgurt geblockt, in einigen Systemen auch weiterhin schwarz

9. Dan (Kudan)
Rot, in einigen Systemen auch weiterhin schwarz

10. Dan (Judan)
Rot, in einigen Systemen auch weiterhin schwarz

In einzelnen Fällen wird herausragenden Meistern der Kampfkünste nach ihrem Tode der 11. oder der 12. Dan verliehen. Diese Gurte sind Weiß und haben symbolische Bedeutung. Sie stehen für die absolute Vollkommenheit, welche kein Sterblicher erreichen kann. Mit dem Weißgurt beginnt das Training der Kampfkünste und mit dem Weißgurt endet es. Der Kreis schließt sich.

Dies symbolisiert das Dokan-Prinzip, welches aus dem Zen-Buddhismus stammt. Dieser Zustand gleicht dem Urzustand der Leere und sein Sinnbild ist der "leere Kreis" (Dokan). Man kehrt zum Ursprung zurück.

Die philosophische Bedeutung der Gürtelfarben

Der Weißgurt

Der Schnee liegt auf der Landschaft.
Der Lehrer sieht den Schüler nicht.
Der Schüler sieht die Lehre nicht.

Der Gelbgurt

Der Schnee schmilzt.
Die harte, gefrorene Erde leuchtet gelb.
Der Lehrer sieht nicht, ob der Schüler fruchtbar ist.
Der Schüler sieht nicht, ob aus dieser Lehre für ihn Frucht wachsen wird.

Der Orangegurt

Die fruchtbare Erde leuchtet in der roten Abendsonne.
Der Lehrer sieht noch keine Frucht.
Der Schüler keimt, kann aber noch nichts.

Der Grüngurt

Ein Pflänzlein kommt?
Der Lehrer sieht, der Schüler versteht.
Der Schüler erkennt die Wirkung der Lehre.

Der Blaugurt

Die Baumkrone reicht in den Himmel.
Der Lehrer sieht das Leben seines Samens.
Der Schüler sieht die Tiefe der Lehre.

Der Braungurt

Der Baum hat feste Borke.
Der Lehrer sieht den Beginn selbständigen Lebens.
Der Schüler sieht, fest gewachsen,
den ersten Gipfel in der Ferne.

Der Schwarzgurt

Das Wandeln der Stille.

Das Training, der Lehrer und Du

„Hilfe, das lerne ich nie“

„Oh doch!“ Wer war nicht etwas überfordert am Anfang seiner Trainingslaufbahn? Das ist vollkommen normal. Kein Grund zur Panik. Setze dich nur nicht unnötig unter Druck. Rom wurde auch nicht an einem Tag erbaut.
Wer sagt auch, dass du es leicht haben sollst?
Du kommst dir vielleicht dumm vor, wenn deine Koordination noch nicht so mitspielt, wie du möchtest. Aber das wird mit der Zeit immer besser. Du solltest nur regelmäßig trainieren und Geduld mit dir haben. Optimal für den Anfang ist, wenn du mindestens 2mal pro Woche trainieren kannst. Setzt du dein Trainingspensum allerdings am Anfang zu hoch an, ist es auch nicht das Gelbe vom Ei. Erfahrungsgemäß kann ein Anfänger das rasante Tempo und den Druck nicht standhalten und wird schnell enttäuscht. Du kannst frustriert werden, oder du verlierst gar das Interesse für das Training. Was doch sehr schade wäre, denn das Training kann dir soviel geben. Kampfkunst ist ein Weg, der dich dein ganzes Leben lang begleiten kann, wenn du es möchtest. Also gehe einfach ganz locker und unvoreingenommen an die ganze Sache heran.

„Auch eine Strecke von Tausend Meilen beginnt mit dem ersten Schritt.“

Wenn du irgendeine Sache nicht verstehst, dann frage am besten einen deiner Mitschüler, der dir schon einen Schritt voraus ist. Weis dieser auch nicht weiter, dann frage deinen Lehrer.

Hast du dich erst einmal in der Gruppe eingelebt, schaue dich vielleicht nach einem fortgeschrittenen Schüler um. Achte dabei auf seine Einstellung, wie er sich gibt und ob du von ihm etwas lernen kannst. Er sollte nicht selbstverliebt sein, sondern ehrlich und hilfsbereit. Vielleicht kommt er auch von selbst auf dich zu.

Der Grund: Der fortgeschrittene Schüler kann dir ein wenig Starthilfe geben. Die Distanz zueinander ist auch nicht so groß, wie zwischen dem Lehrer und dem Anfänger. Man nennt diese Menschen auch Sempai, was nichts anderes als fortgeschrittener Schüler bedeutet. Ihre Aufgabe besteht darin, Anfänger in die Grundzüge der Kampfkunst einzuweisen. Das beschränkt sich nicht nur auf die Techniken. Ein Sempai ist auch für die kleinen Sorgen und Nöte da, welche dem Anfänger oft durch den Kopf gehen. Er kann sich besser in die Lage des Anfänger versetzten, da er noch vor kurzer Zeit selbst einer war. Wie intensiv sich die Sempai-Anfänger-Beziehung entwickelt, hängt von den Personen selbst ab. Die Chemie muss einfach stimmen zwischen beiden.

Habe auf keinen Fall Angst vor deiner anfänglichen Unfähigkeit. Setze einen Fuß vor den anderen und du bist auf dem richtigen Weg.

Allgemeines Verhalten im Training

Im Training gelten einige Grundregeln, sie sollten nur nicht übertrieben werden. Eine gute Kinderstube reicht aus, um sich schnell in einem Dojo wohl zu fühlen. Eine übertriebene Etikette, entsteht meist aus falsch verstandenem Traditionsbewusstsein oder aus übertriebenem Selbstdarstellungstrieb des Lehrers. Man sollte nicht so verbissen an die Sache herangehen. Wir wollen etwas lernen aber keine Soldaten werden.
Im Training darf es jedoch auch keine Demokratie geben. Der Lehrer entscheidet, was trainiert wird und wie er die Lehre verbreitet. Einen guten Lehrer (Sensei, Sifu) erkennt man daran, dass er durch natürliche Autorität überzeugt. Ein Lehrer, in dessen Training man sich wie in einer Kaserne vorkommt, ist meiner Meinung nach kein Lehrer im Sinne des Budo. Drill und psychologischer Stress gehört zwar auch zur Ausbildung, aber nur wenn der Meister es versteht diese Elemente einzusetzen.

Du solltest darauf achten, immer pünktlich zum Training zu erscheinen. Damit symbolisierst du dem Lehrer und der Sache gegenüber den nötigen Respekt.
Vielleicht stehst du aber auch einmal im Stau. Oder du hast irgendeinen anderen triftigen Grund, der dich hindert pünktlich beim Training zu erscheinen. Was tun? Wieder nach Hause fahren? Nein, denn so siegt dein innerer Schweinehund, der dich zur Faulheit antreibt. Den gilt es zu besiegen! Er ist dein Hauptfeind in den Kampfkünsten. Aber das merkst du noch im Laufe der Zeit, wenn die Anfangseuphorie verflogen ist.

Bist du doch zu spät, kannst du daran auch nichts mehr ändern. Es reißt dir keiner den Kopf dafür ab. Du ziehst dir einfach deinen Gi an und setzt dich vor das Dojo in den Fersensitz (Seiza). Jetzt wartest du und beobachtest was gerade im Training gezeigt wird. Damit kannst du gleich, wenn der Lehrer dich beachtet und in das Dojo winkt, in die Übungen einsteigen.
Auf gar keinen Fall gehst du einfach in das Dojo und redest den Lehrer an warum du zu spät kommst. Damit legst du mangelhaften Respekt an Tag. Es ist unhöflich und gehört sich nicht.

Bevor du mit einem Trainingspartner trainierst verbeugt ihr euch voreinander. Du zeigst ihm dadurch deinen Respekt und Dankbarkeit. Denke immer daran Trainingspartner sind nicht unbegrenzt vorhanden, deshalb sollte man sie sorgsam behandeln. Dein Trainingspartner ist nicht dein Gegner, den du bekämpfen musst. Wie der Name schon sagt: Es ist dein Partner und Partner arbeiten zusammen und helfen sich gegenseitig. So könnt ihr am Besten voneinander lernen.

Deshi - der Schüler

Man unterscheidet zwei Arten von Schülern, Soto-deshi und Uechi-deshi.

Soto-deshi

Soto-deshi sind alle die Schüler, welche noch keine Lehrer/Schüler Beziehung eingegangen sind. In einem Dojo ist die Mehrzahl der Schüler Soto-deshi. Übersetzt bedeutet dies, der „äußere Schüler“. Er gehört nicht zum Inneren Kreis der Schule. Manche trainieren ein Leben lang ohne in den inneren Kreis aufgenommen zu werden. Ihre Vorstellung von Kampfkunst liegt lediglich in dem was sie sehen.

Eines Tages wirst du vielleicht an einen Punkt gelangen, an dem du mit deinem Herzen eine Entscheidung treffen musst. Diese wird dein Leben sehr verändern. Möchtest du nur die reine Technik lernen oder spürst du tief in dir ein Verlangen nach Tiefe und Sinn der Kampfkunst. Dann begibst du dich auf die Suche nach einem Meister (Sensei/Sifu). Das ist heute noch genauso wie früher. Nimm dir Zeit bei der Suche. Es gibt viele Menschen, welche sich als Meister ausgeben aber keine sind.

Uechi-deshi

Uechi-deshi sind die Schüler, welche mehr als nur Techniken lernen wollen. Sie haben die Herausforderung einer Lehrer/Schüler Beziehung angenommen und wurden auch als Schüler akzeptiert. Uechi-Deshi bedeutet der "innere Schüler".

Er gehört zum inneren Kreis der Schule und versucht die Geheimnisse der Kampfkünste zu ergründen. Sie sind ihrem Lehrer verpflichtet. Dies nennt man Giri. Man sagt, die Schuld eines Schülers ist größer als der höchste Berg und tiefer als das tiefste Meer. Doch diesen Preis sind nicht viele bereit zu zahlen, deshalb hat eine Schule in der Regel nur wenige Uechi-Deshi.

Als ich meinen heutigen Sensei gefunden hatte, habe ich ihn gebeten mich als seinen Schüler anzunehmen. Er hat zugestimmt. Mein erster Schritt bestand darin, dass ich 700 Kilometer umgezogen bin um bei ihm trainieren zu können. Weg von Familie und Freunden. Aber das ist meine Geschichte und sie ist bei jedem anders.

Eines ist allerdings bei allen gleich, es ist eine Entscheidung, welche du nicht mit dem Verstand, sondern mit dem Herzen triffst.

Sensei oder Sifu – der Lehrer

In Europa herrscht die irrtümliche Meinung, dass ein 1. Dan gleichzeitig ein Sensei/Sifu ist. Er ist vielleicht ein Sempai, ein fortgeschrittener Schüler. Ein 1. Dan-Träger ist selbst noch auf der Suche nach dem Weg.

Der Meister hat in einem Dojo eine wichtige Rolle. Mit ihm steigt und fällt das System. Er zieht die Fäden und koordiniert alles. Er übermittelt das Wissen der Lehre. Ohne ihn könnte das Dojo nicht existieren. Was ist schon eine Schule ohne einen Lehrer?

Der Lehrer sollte nicht als Vorbild gesehen werden. Wenn er dein Vorbild ist, möchtest du so werden wie er. Das heißt eine Kopie vom Original. Und wie Du selbst weißt, ist eine Kopie immer schlechter als das Original. Dies geht vollkommen am Sinn der Kampfkünste vorbei. Denn wie schon erwähnt ist das Ziel der Kampfkünste die Selbstverwirklichung und Selbstentfaltung.

Ein Sensei ist ein Vater und Mentor für seine Schüler. Er hilft dir auf deinem Weg und wirft dir auch Steine vor die Füße damit du strauchelst. Damit konfrontiert er dich nicht weil er boshaft ist oder vielleicht Langeweile hat. Sie dienen dazu dich zu testen und zu stärken. Er möchte sehen wie du mit Problemen umgehst.

Habe Vertrauen zu deinem Lehrer. Dieses Vertrauen ist sehr wichtig. Bejahe aber auch nicht alles was er sagt, ohne darüber nachzudenken. Bilde dir immer selbst eine eigene Meinung. Der Meister könnte dich auch gelegentlich auf eine falsche Fährte locken wollen. Und vor allem sind Meister keine Heilige, sondern Menschen.

Den Lehrer interessiert es nicht, was du zu kopieren versuchst. Er lässt nur gelten was aus dir selbst kommt. Alle Mittel sind ihm dabei recht. Es wird Tage geben, an denen er dich gar nicht beachten wird oder er dich ständig kritisiert. Du wirst dir Gedanken darüber machen.
Ihn interessiert wie du mit den einzelnen Situationen umgehst. An anderen Tagen gibt er dir recht in deinem Tun. Auch hier schaut er wie du damit umgehst. Schwebst du zu sehr in Richtung Decke, kann es passieren, dass er dich gnadenlos und direkt auf den Boden der Tatsachen zurückholt.

Ein Sensei ist nicht immer zu verstehen. Vertrauen, Loyalität und Fleiß ist ihm denke ich mehr wert als die schönsten Techniken. Er wird im Gegenzug jederzeit für dich den Kopf hinhalten, wenn es darauf ankommt.
Ein guter Lehrer steht auch für seine Schüler ein.

Kata - Form

Was ist eine Kata/Form?

Kata oder auch Form genannt, ist ein großer Bestandteil in den traditionellen Kampfkünsten. Sie dienen in verschlüsselter Form der Überlieferung der Lehre. In ihr sind die Schlüssel zu den Geheimnissen (Okuden) versteckt. Diese Schlüssel sind von einem Laien nicht zu erkennen. Man bekommt sie nur von einem kompetenten Lehrer der Kampfkünste vermittelt.

Eine Kata ist für einen Anfänger eine Aneinanderreihung von Techniken mit Richtungswechseln. Diese erfolgen in einer vorgeschriebenen Reihenfolge. Der Kata liegt ein festgelegtes Schrittdiagramm zugrunde. Dieses nennt man Embusen. Für dich als Anfänger schult die Kata in erster Linie deine Koordination. Du lernst mit der Form die ersten Grundtechniken und Stellungen. Sie bietet dir eine sehr gute Möglichkeit zum Selbststudium. Kata kannst du jederzeit und überall ohne Partner üben. Du kämpfst in der Form gegen imaginäre Gegner. Mit der Zeit wirst du erkennen, das Kata nicht nur aus Einzeltechniken, sondern aus Elementen (Kampfsequenzen) besteht.

Kata fördert Muskelaufbau, Geschmeidigkeit, Harmonie, Flexibilität, die Atmung, sowie den Fluss der eigenen Energie. Sie ist somit auch gesundheitsfördernd.

Die korrekte Atmung in einer Form ist ungemein wichtig. Wenn du diese beherrschst, kannst du die Form in ihrer vorgeschriebenen Power von Anfang bis zum Ende durchstehen.

Es gibt schnelle und langsame, harte und weiche Elemente in einer Form. Einige Elemente werden mit Kime (Brennpunkt der Energie) oder Kia (Kampfschrei ähnlich dem Kime) ausgeführt.

Ohne allerdings zu verstehen, was du mit den einzelnen Techniken bezwecken möchtest, macht die Kata wenig Sinn. Diese Anwendung der Kata nennt man Bunkai.

Kampfgeist (Kihaku) und Bereitschaft (Zanchin) müssen bei der Übung der Kata angestrebt werden. Denn nur so hauchst du deiner Form Leben ein. Stell dir vor, mit den einzelnen Techniken musst du im Ernstfall bestehen können. Wenn du dies in die Tat umsetzen kannst hast du schon ein gutes Stück Arbeit geleistet. Du kannst dann an jedem Ort in jeder brenzligen Situation deine Kata anwenden und dich damit verteidigen. Der jeweilige Angriff spielt dabei überhaupt keine Rolle. Aber diese Vollkommenheit zu erreichen ist sehr schwer. Der eine schafft es in ein paar Jahren, andere wiederum arbeiten ihr ganzes Leben daran.

Es gibt unzählige Formen. Es kommt auch nicht darauf an, dass du viele Formen auswendig kannst. Besser du übst einige wenige Kata, diese aber dann intensiver. Es gab Meister, welche in ihrem ganzen Leben nur eine Kata gekonnt haben.

Meister Tsutomu Nakahodo über die Bedeutung der Kata:

„Die Kata beinhaltet den Schlüssel zu deinen Studien. Übe jeden Tag, sehr langsam, und nur ein klein wenig auf einmal. Übe sehr hart, wenn du mit deinem Lehrer in seiner Schule bist. Höre sorgfältig zu, wenn er dir sehr kleine Dinge erzählt, denn diese Schlüssel sind sehr tief und versteckt. Karate ist Kraft, Geschwindigkeit und Technik. Wissen ist sehr wichtig in allen Bereichen, die nicht ohne Sanchin (Atmung) existieren können. Sanchin beinhaltet den Schlüssel zum Geist. Sanchin ist in all deinen Studien“

Wie kannst du Formen üben?

Für jeden Anfänger ist Kata eine ungewohnte Sache. Keine Angst, Übung macht den Meister. Am besten du zerlegst dir deine erste Kata in kleine überschaubare Teile. Ein solcher Teil sollte so viele Techniken enthalten, die du dir gut merken kannst ohne viel überlegen zu müssen. Bestenfalls lasse dir die einzelnen Kampfsequenzen der Kata von einem Mitschüler zeigen. Auch wie diese richtig ausgeführt werden. Zu Hause kannst du dann in aller Ruhe üben. Wenn du dir mit einem Teil sicher bist, nimmst du dir die nächste Sequenz vor. Am Ende baust du dir die Kata komplett zusammen. Jetzt kannst du die Form komplett üben. Bist du dir noch nicht sicher, kehre zu den einzelnen Sequenzen zurück.

Führe die Techniken erst einmal ohne Kraft aus. Achte im ersten Schritt darauf, dass du die Techniken korrekt ausführst. Kraft und Schnelligkeit kannst du üben, wenn du dir sicher im Ablauf bist.

Wenn du mit dem Ablauf der Form keine Probleme mehr hast, frage nach den Anwendungen der Sequenzen. Denn eine Kata ohne Anwendung macht keinen Sinn. Hast du ein Gefühl für die Anwendung der Form entwickelt versuche dir diese bei jedem Training vor Augen zu führen.

Eine schöne Übungsform dafür ist Kata in Mokusô. Das heißt die Kata spielt sich lediglich im Kopf ab. Kannst du vielleicht einmal nachts nicht einschlafen, dann übe doch einfach Kata. Schließe deine Augen und entspanne dich. Dann lässt du die Kata vor deinem Auge ablaufen wie einen Film. Erst ohne Anwendung, später vielleicht mit Anwendung. Damit schulst du gleichzeitig auch deine Phantasie und Kreativität.

Übungsmöglichkeiten zum Training von Formen gibt es viele. Man muss sie nicht immer nur stupide auswendig lernen und ablaufen. Das wird mit der Zeit langweilig.

Schauen wir uns noch ein paar Übungsmöglichkeiten an. Mit ein wenig Phantasie kannst du dir selbst noch jede Menge andere Möglichkeiten ausdenken.

Setze dich in den Fersensitz und schließe deine Augen. Anschließend lässt du die Form wieder vor deinem geistigen Auge ablaufen. Die Armtechniken allerdings führst du tatsächlich aus. Bei dieser Übung wirst du die eine oder andere Erfahrung machen. Achte genau darauf, dass du die Armtechniken mit der korrekten Seite durchführst. Du musst dich dabei nicht verrenken, sondern bleib einfach ganz ruhig sitzen. Es bewegen sich dabei nur deine Arme. Die Richtungswechsel erfolgen lediglich in deinem Geist.

Um deinem Hauptsinnesorgan, dem Auge, noch etwas Ruhe zu gönnen hier gleich noch eine Übung mit verschlossenen Augen. Aber vorher prüfe, ob du in einem Umkreis von 2-3 Meter Platz hast ohne irgendwo anzuecken. Stelle dich nun an einen Ausgangspunkt und merke dir deine Blickrichtung. Jetzt schließe deine Augen und laufe die ganze Kata mit geschlossenen Augen. Hierbei werden deine anderen Sinne und vor allem dein Gleichgewichtssinn geschult. Die genaue Richtung der Form einzuhalten ist bei dieser Übung nicht ganz einfach. Achte auch auf die Feinheiten in der Ausführung der Techniken, zum Beispiel die Hüftdrehung. Am Ende der Kata öffnest du deine Augen und prüfst, ob du wieder bei deiner Ausgangsposition angelangt bist.

Um deine Grundstellungen weiter zu verbessern gibt es eine einfache aber schöne Übung. Laufe die Kata einfach ohne Armtechniken. So kannst du dich voll und ganz auf die korrekte Ausführungen der Stellungen konzentrieren.

Selbst im Büro, in der Schule, oder in der Uni kannst du Kata üben. Wie? Ganz einfach. Du schreibst die Kata einfach auf. Wenn du die Stellungen und Techniken noch nicht beim Namen kennst, versuche es trotzdem. So wirst du sie dir vielleicht selbst erarbeiten. Nicht unbedingt die japanische oder chinesische Begriffe, aber zumindest doch die deutsche Bezeichnungen. Kennst du die asiatischen Begriffe bereits dann festigt diese Kataübung dein bereits gelerntes Wissen. Bist du künstlerisch veranlagt, versuche doch die Kata einmal zu zeichnen.

Ist dir das alles noch zu langweilig? Kein Problem. Übe die Form doch einfach einmal spiegelverkehrt oder gar rückwärts. Bei Kata rückwärts kannst du dich noch steigern, indem du die einzelnen Techniken ebenfalls rückwärts laufen lässt. Aus einem Fauststoß wird dabei ein Ellenbogenstoß nach hinten. Beschäftigst du dich intensiv mit dieser Trainingsmethode werden dir nach und nach einige Dinge auffallen. Du wirst Techniken und Anwendungen in der Form entdecken, welche du am Anfang noch gar nicht darin vermutet hättest.

Jetzt habe ich noch drei Kata Übungsformen für dich, welche eher an deine körperliche Substanz gehen.

Übe die Kata ganz langsam (Zeitlupentempo) und lege in jede Technik Kraft hinein. Achte auf die genaue Durchführung der Techniken. Stehe in den Stellungen richtig tief. Diese Übung wird deine Kraft und dein Kime schulen.

Kata kann auch zur Verbesserung deiner Ausdauerfähigkeit dienen. Führe dabei die Kata sehr schnell aus. Achte dabei nicht auf die genaue Stellung und Technik. Wichtig dabei ist deinen Geist auszuschalten (Mushin). Du kannst auch eine Kata auch mehrmals schnell hintereinander ausführen. So festigst du den Bewegungsablauf der Form.

Bei der dritten Übung benötigst du zwei kleine Hanteln. Nimm in jede Hand eine Hantel und übe damit die Form. Beginne mit kleinen Gewichten und steigere dich im Laufe der Zeit.

Du siehst Formen sind eine wunderschöne Sache, welche dir körperlich, als auch geistig eine Menge abverlangen kann. Beschäftige dich mit jeder Kata, welche du lernst genauso intensiv. Versuche sie auseinander zu nehmen, umzukehren und zu spiegeln. Damit wird sich dein Verständnis für Kampfkunst entwickeln und vertiefen.

Über das Kämpfen

Was ist ein Kampf

Gekämpft wird seit Menschengedenken. Die Urmenschen haben sich die Keule über den Schädel gezogen, um ihren Besitz zu verteidigen. Heute kämpft der Mensch mit Worten um seine Ziele zu erreichen. Das ist grundsätzlich nicht verkehrt. Es ist die beste Art der Konfliktbewältigung, obwohl auch hier zu harten Mitteln gegriffen wird.

Es ist heute nur so, dass viele Menschen glauben, sie beherrschen die Kunst des Kampfes. Sie reden über Kampfkunst, als ob sie schon in vielen Schlachten gekämpft haben. Wenn früher die Schüler der Kampfkünste nur geredet hätten, wäre ihre Lebenspanne relativ kurz gewesen. Sie mussten verkörpern, wovon sie sprachen. Damals wurde getestet, was der andere konnte. In der heutigen Zeit fehlt diese knallharte Realität.
Es passiert schnell, dass man glaubt kämpfen zu können. Verwechsle dabei nicht einen Wettkampf, in dem es nach Punkten geht, und einen Kampf um dein Leben. In einem Kampf musst du überleben. Es geht nicht darum eine schöne Technik auszuführen und Punkte zu sammeln. Die Technik muss funktionieren, auch wenn der Partner nicht mitspielt.
Alles andere ist Unsinn und hat nichts mit Kampf zu tun. Bei einem Kampf ist es egal, welchen Stil beide trainieren. Es stehen sich zwei Menschen gegenüber und keine Systeme. Am Ende darf nur noch einer stehen bleiben.

Das Ziel eines Kampfes ist die Lähmung oder gar die Zerstörung deines Gegners. Das Mittel zum Zweck spielt dabei überhaupt keine Rolle.

Man kämpft nicht einfach nur zum Spaß an der Freude. Dies kannst du im Sparring tun, aber dies ist kein richtiger Kampf. Ich trainiere schon 6 Jahre und ich kann nicht behaupten, dass ich kämpfen kann. Zum Kampf gehört eine Menge mehr, als nur Techniken und ein böser Blick. Deshalb ist es wie mit allen Dingen: "Gut Ding will Weile haben".

Übungsformen beim Sparring

Beim Sparring kannst du genauso kreativ sein, wie beim Üben von Formen. Du brauchst dazu allerdings einen Partner. Grundsätzlich sollte das Sparring für dich einen Lerneffekt haben. Bei Leuten, die es sich beim Sparring gegenseitig beweisen müssen, ist der Lerneffekt nicht gegeben. Es endet meist in einer wilden, verbissenen Prügelei. Wie bereits an anderer Stelle erwähnt: Dein Trainingspartner ist ein Partner. Er ist nicht dein Feind. Durch gemeinsames Miteinander kann man viel besser lernen und verstehen.

Eine gute Übungsform ist Sparring in Zeitlupe. Mein Lehrer sagt mir immer, die Technik, die langsam ins Ziel kommt trifft auch schnell. Zwinge dich zur Ruhe und arbeite mit deinem Partner.

Hektik ist hier nicht angebracht, genauso wenig wie im richtigen Kampf. Wichtig ist, dass keiner von euch im Laufe der Übung schneller wird. So kannst du viele Sachen ausprobieren. Du erkennst was Sinn macht und was du lieber lassen solltest.

Es ist auch von Vorteil sich einmal nur auf Handtechniken zu konzentrieren. Diese kommen gerade im Infight (Kampf in der Nahdistanz) mehr zum tragen, als Fußtritte.

Ein anderes Mal könnt ihr lediglich mit Fußtechniken arbeiten. Ein Fußtritt muss nicht immer zwingend zum Kopf durchgeführt werden.

Bei einer anderen Übung legst du eine Hand auf deinen Rücken und beschränkst dich auf die Verteidigung mit einer Hand. Dein Partner darf allerdings beide Hände benutzen. Das Ziel dieser Übung ist, mit beschränkten Mitteln doch Erfolg zu haben. Bist du im Ernstfall aus irgendeinem Grund eingeschränkt in deinen Bewegungen, musst du auch überleben können.

Sparring mit Waffen ist ebenfalls sehr interessant. Allerdings solltest du dann auch über Erfahrung im Umgang mit Waffen besitzen. Kombinationsmöglichkeiten gibt es viele. Es kommt nur auf deine eigene Kreativität an.

Erkennen der Wirklichkeit

Du solltest dir beim Üben immer vorstellen, welche Konsequenz deine Technik oder die deines Partners hat. Dafür ist allerdings Erfahrung nötig. Stelle dir dabei einen gefährlichen Schläger auf der Straße vor. Dieser fällt nicht von einem Tritt vor sein Schienbein um, er wird höchstens stinksauer. Man bedenke, dass in einer Gefahrensituation Adrenalin freigesetzt wird. Dann liegt die Schmerzunempfindlichkeit auch bei deinem Gegenüber um einiges höher als normal. Oder der Abstand deiner Faust ist zu weit vom deinem Gegner entfernt. Das bringt dir auch keinen effektiven Nutzen.

Bei einem Faustschlag im Training gegen deinen Trainingspartner solltest du deshalb deinen Arm nie ganz durchstrecken. Der Abstand zum Gesicht deines Gegenübers darf bei ausgeführter gestoppter Technik nur wenige Zentimeter betragen. Warum? Im Ernstfall würdest du den Schlag durchziehen. Alle anderen Trefferflächen am Traningspartner vertragen schon einen angemessenen Kontakt. Dieser schadet nicht. So gewöhnt du dich auch an das Gefühl des treffen und getroffen werden und kannst besser damit umgehen.
Trainierst Du aber immer mit einem falschen Distanzgefühl oder ohne Kontakt passiert dir das gleiche auch im Ernstfall. Der Sinn der Selbstverteidigung ist dann verfehlt. Du redest dir dadurch ein, dass du damit einen Gegner ausschalten könntest. In der Realität ist das gefährlich. Selbstverteidigung kommt dann Selbstgefährdung gleich.

Dosiere im Training deine Techniken so wie es dein Trainingspartner verträgt. Stoppe deine Techniken angemessen. Schaffe dir einen Puffer, welchen du im Ernstfall durchziehen könntest.

Oft erkennst du als Anfänger noch nicht, dass du im Ernstfall bereits erledigt wärst. Du führst weiter deine Techniken aus und bist bereits einige Heldentode gestorben. Aber mit der Zeit wird sich das auch legen. Es hängt auch von deinem Trainingspartner ab, dir dies zu zeigen. Versuche immer mit den unterschiedlichsten Leuten zu trainieren. Trainiere mit großen und kleinen Menschen, genauso mit starken und schwachen. Jeder Mensch ist anders und hat unterschiedliche Stärken und Schwächen.

Trainierst du immer nur mit der gleichen Person spielt ihr euch aufeinander ein. Du weist im Laufe der Zeit, worauf dein Partner reagiert und kannst spielend darauf agieren. Kommst du dann einmal an jemand anderen kann es mit deiner Technik sehr schlecht stehen.

Versuche auch ab und an mit fortgeschrittenen Schülern zu trainieren. Sie können sehr gut auf deine Schwachstellen eingehen und dir helfen diese abzubauen.

Konzentriere dich bei jeder Übung. Stelle dir immer die Wirklichkeit vor und versuche dich nicht einer Erfolgsillusion hinzugeben.

Übungen

Es gibt viele kleine Übungen, welche jeder problemlos zu Hause durchführen kann. Ich möchte dir in diesem Kapitel lediglich ein paar kleine Denkanstöße liefern. Der Rest liegt wieder bei dir, deiner eigenen Kreativität und deinem Fleiß.

Spiegel und Zahnpasta

Viele haben zu Hause einen großen Spiegel. Dieser kann gerade für einen Anfänger ein gutes Kontrollinstrument sein. Du stellst dich einfach vor den Spiegel und übst einzelnen Techniken oder Kombinationen. Im Spiegel kannst du deine Technik sehr gut überprüfen. Du zeigst die einzelnen Techniken am besten außerdem in regelmäßigen Abständen einem fortgeschrittenen Schüler. Er soll dir dann zeigen, was du bei der Ausführung noch verbessern solltest. Dies kannst du dann zu Hause in aller Ruhe vor dem Spiegel üben und dich selbst kontrollieren.

Jeder Mensch sollte zweimal am Tag seine Zähne putzen. Diese langweilige Tätigkeit kannst du mit Kräftigungsübungen aufpeppen. Du nimmst einfach eine der Beinstellungen ein, welche du im Training gelernt hast. Achte dabei auf die korrekte Ausführung. Das heißt, stehe tief in der jeweiligen Stellung. Halte deinen Oberkörper immer aufrecht und gerade. Jetzt verharrst du einfach in dieser Position und putzt dir in aller Ruhe deine Zähne. Du wirst merken, dass deine Muskeln schnell ausgepowert sind. Bei regelmäßigem üben entwickelst du dabei eine starke Beinmuskulatur.

Keine Angst wenn du deine Beinmuskeln spürst. Nur nicht gleich aufgeben. Diese Übung kannst du bis zur Erschöpfung deiner Beinmuskulatur durchführen. So schulst du bei der Übung außerdem deine Willenskraft und Ausdauer.

Blumentopf und Kerzenschein

Wie kann dir ein Blumentopf beim Training helfen?
Stelle diesen vor dir auf und schlage in seine Richtung. Benutze alle Schlagtechniken die du kennst. Achte aber darauf, dass du kurz vor der Blume stoppst. Denn schließlich möchtest du dich noch länger an ihr erfreuen. Bei dieser Übung kannst du jeden Gegenstand benutzen, auch eine Wand. Ziel dabei ist, dass du ein Abstandsgefühl entwickelst. Übe erst langsam und steigere nach und nach dein Tempo und deinen Krafteinsatz.

Eine Steigerungsform der vorangegangenen Übung ist Kerzenflammen ausschlagen. Du stellst dabei eine Kerze auf einen Tisch und zündest sie an. Dann schlägst du mit einem geraden Faustschlag in Richtung Flamme. Deine Faust darf dabei die Kerze nicht umwerfen. Ziel ist es die Kerze mit dem Luftzug des Faustschlages auszublasen ohne sie dabei zu berühren. Es kommt hierbei auf Schnelligkeit, Kraft und Timing an. Fehlt eine dieser Komponenten funktioniert es nicht. Achte nur bei der Übung auch darauf, dass du deinen Arm nicht ganz durch streckst. Du schadest sonst deinem Ellenbogengelenk. Dies solltest du bei jedem Schlag beachten den du ausführst.

Tennisball und Stuhllehne

Auch beim Fernsehen im gemütlichen Sessel kannst du trainieren. Nimm einfach in eine Hand einen Tennisball und versuche deine Hand zu schließen und löse dann wieder die Spannung. Dies ist ein gutes Training für deine Hand- und Fingermuskulatur. Sind die Muskeln der einen Hand ermüdet, nimmst du den Ball in die andere Hand. Hast du keinen Ball zur Hand, schließe und öffne deine Faust mit entsprechender Kraft.

Eine Stuhllehne kann eine sehr gute Hilfe für das Üben von Fußtechniken sein. Gleichzeitig ist sie eine weitere Kräftigungsübung der Beinmuskulatur. Stelle den Stuhl vor dir hin. Dann führe einen gerade oder seitlichen Fußtritt über die Stuhllehne aus. Dabei ist wichtig, dass du zuerst das Knie hoch reißt und dann über die Lehne dein Bein ausstreckst. Halte dann ein Bein eine Weile in der Luft. Lege dabei dein Bein nicht auf der Lehne ab. Damit trainierst du, den für die Beintechniken wichtigen, Haltemuskel.

Du siehst man kann mit den ungewöhnlichsten Gegenständen trainieren. Man könnte ein extra Buch schreiben, welches nur mit Übungen dieser Art ausgefüllt ist. Aber das ist nicht Sinn der Sache. Sei einfach kreativ.

Kampfkunst und Gesundheit

Kampfkunst mit positiv gesundheitlicher Wirkung

Regelmäßiges Training wird deinem Körper gut tun. Durch die Verbesserung von Schnellkraft und Ausdauer wird dein Herz- Kreislaufsystem gestärkt.
Du lernst deine Atmung zu beherrschen, speziell durch die Bauchatmung, welche sich positiv auf dein gesamtes Atmungssystem auswirkt.
Dein ganzer Bewegungsapparat wird im Laufe der Zeit verbessert. Durch das ausgewogene Training werden sämtliche Muskeln deines Körpers beansprucht. Die Beweglichkeit aller Gelenke und der entsprechenden Muskeln wird erhöht. Solltest du an einer leichten Form von Wirbelsäulenverkrümmung leiden, kannst du dem durch Aufbau eines Muskeltonus, welcher die Wirbelsäule stützt entgegenwirken. Deine motorische Koordination und dein Gleichgewicht können sich ebenfalls deutlich verbessern, was deinem Nervensystem sehr zu gute kommt.

Das Prinzip des Dehnen und Kräftigen

Dies ist ein sehr wichtiges Thema nicht nur in den Kampfkünsten. Jeder Anfänger sollte von Anfang an richtige Dehn- und Kräftigungsübungen machen.

Dehnungsübungen dienen der tonischen (zur Verkürzung neigender) Muskulatur. Kräftigungsübungen wiederum der phasischen (zur Abschwächung neigender) Muskulatur.

Dehnungsübungen verbessern die Beweglichkeit und bauen Verspannungen in der beanspruchten Muskulatur ab. Außerdem fördern sie die Durchblutung. Diese führt dann eine schnellere Regeneration herbei. Kräftigungsübungen wiederum gleichen Defizite aus.
Beide Übungsarten verringern das Verletzungsrisiko beim Training. Sie lösen Verspannungen, gerade auch bei Menschen welche sehr viel sitzen müssen.

Eine starke Rumpfmuskulatur entlastet die Wirbelsäule ungemein.

Dehnübungen machst du am besten, wenn deine Muskulatur noch warm ist. Dehnst du kalt, ist das Verletzungsrisiko größer. Du solltest darauf achten, dass du nicht stark wippst beim dehnen. Du erzielst dadurch nur einen Bumerang-Effekt. Es löst dadurch nur eine Reflex bedingte Anspannung herbei. Dadurch erreichst du genau das Gegenteil von dem was du bezwecken möchtest.

Was auch sehr oft falsch gemacht wird ist das Kopfkreisen. Der Hals ist kein Kugelgelenk. Zur Dehnung der Halsmuskulatur bewege lediglich deinen Kopf nach rechts und links, bis du einen Dehneffekt merkst. Halte an diesem Punkt einige Sekunden und wechsle dann die Seite.

Auf den nächsten Seiten stelle ich dir, für Zuhause oder nach dem Training, ein paar Dehnungs- und Kräftigungsübungen vor.

Dehnungsübungen:

1. Übung:
Oberflächlicher Wadenmuskel und Achillessehne
Du stützt dich mit den Händen an einem Baum, Wand oder dergleichen ab. Ein Bein gestreckt weit nach hinten schieben, dabei die Ferse flach aufsetzen, Körper gerade halten. Wichtig zur Vermeidung von Achillessehnenbeschwerden.

2. Übung:
Tiefer Wadenmuskel und Achillessehne
Eine Variante der vorhergehenden Übung. Das zu dehnende Bein etwas nach hinten setzen und leicht in die Hocke gehen, Ferse bleibt flach aufgesetzt. Ebenfalls wichtig zur Vermeidung von Achillessehnenbeschwerden.

3. Übung:
Rückseitige Oberschenkelmuskulatur

Du setzt deine Ferse auf eine nicht zu hohe Auflage, jetzt beuge das Knie leicht und beuge darüber deinen Oberkörper mit geradem Rücken, um die Bandscheiben nicht zu belasten, nach vorne.

4. Übung:
Innenseite der Oberschenkel, Schenkelanzieher

Vorsichtig aus dem Stand in die Grätsche gleiten. Vermeide ein Hohlkreuz durch Anspannen deiner Rumpfmuskulatur. Beuge dich nach 20 Sekunden nach vorne vor und stütze dich mit den Händen ab, um andere Anteile der Adduktorengruppe zu dehnen.

5. Übung:

Vorderseitige Oberschenkelmuskulatur

Winkle im Stand ein Bein an, umfasse das Fußgelenk und ziehe dieses zum Gesäß, vermeide dabei ein Hohlkreuz durch Anspannen der Gesäß- und Bauchmuskulatur. Ziehe das Bein nicht seitlich, stehe gerade dabei, gegebenenfalls halte dich mit einer Hand fest. Diese Übung schult außerdem dein Balancegefühl.

6. Übung:

Hüftbeugermuskel

Gehe aus dem Stand in den Ausfallschritt, schiebe dabei das hintere Bein gestreckt zurück, stehe dabei nicht seitlich. Das Gewicht liegt zu ca. 70 % auf dem vorderen Bein. Vermeide wieder ein Hohlkreuz durch Anspannen der Gesäß- und Bauchmuskulatur. Dieser Muskel ist oft stark verkürzt, was auch zu Rückenbeschwerden führen kann.

7. Übung:
Gesäßmuskulatur

In Rückenlage winkelst du ein Bein an, ergreifst am Fußgelenk und ziehst es seitlich zur gegenüberliegenden Schulter. Das Knie sollte im rechten Winkel und das andere Bein gestreckt bleiben. Dein Becken liegt dabei flach auf.

8. Übung:
Brustmuskulatur

Lehne dich an einen Baum, Laternenmast oder Türrahmen mit gewinkeltem Arm an und gehe einen Schritt vor, schiebe dabei deine Brust nach vorn. Dies dehnt die verkürzten Brustmuskeln(Sitzarbeit!).

Kräftigungsübungen:

1.Übung:
Schulterblattmuskeln

Stell dich eine Fußlänge entfernt mit dem Rücken an einer Wand. Drücke den angelehnten Körper mit den im rechten Winkel abstehenden Ellenbogen von der Wand ab. Lass deine Arme dabei nicht absinken.

Diese Übung verbessert auch die aufrechte Oberkörperhaltung.

2. Übung:
Rückenmuskulatur

Hebe aus dem "Vierfüßlerstand" diagonal den linken Arm und das rechte Bein in die Waagerechte an und halte dies eine Weile bis zur Ermüdung, dabei drehe das Becken nicht hoch, vermeide ein Hohlkreuz. Führe einige Wiederholungen für beide Seiten durch.

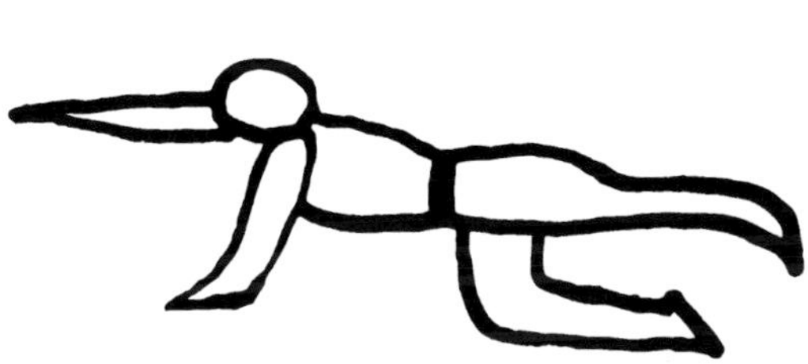

3. Übung:
Bauchmuskulatur

In Rückenlage winkelst du deine Beine an und entspannst. Hebe nun nur die Schultern von Boden ab und halte diese Position. Die Lendenwirbelsäule bleibt dabei flach am Boden. Wieder einige Wiederholungen jeweils bis zur Ermüdungsgrenze. Dieses Bauchmuskeltraining stabilisiert auch die Beckenhaltung.

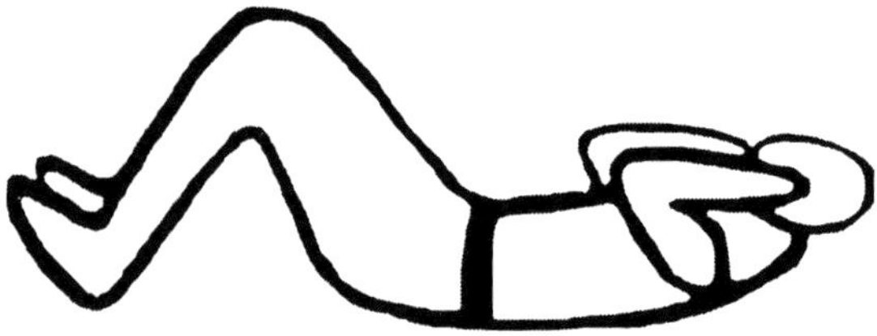

4.Übung:
Seitliche Rumpfmuskulatur

In gerade gestreckter Körperhaltung gehst du in den „Seitstütz“ und hebst dann die Hüfte an. Der stützende Arm liegt dabei auf dem Unterarm. Diese Position eine Weile halten und dann Seitenwechsel. Führe auch hier wieder einige Wiederholungen für beide Seiten aus.

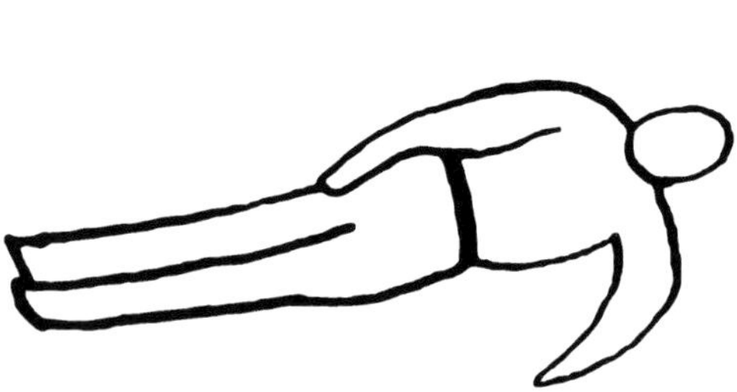

Überlastungsschäden und Verletzungen

So paradox wie es klingen mag, aber im Kampfkunsttraining passieren weniger Verletzungen als in anderen Sportarten. Blaue Flecke und Muskelkater sind allerdings normal.

Trotzdem kann es auch im Kampfkunsttraining einmal zu einer Verletzung oder einer Überlastungserscheinung kommen. Dieses Thema werde ich auf den folgenden Seiten kurz ansprechen, damit du in einer solchen Situation über die Verletzung Bescheid weist.

Die medizinischen Angaben und Behandlungsmethoden entnahm ich aus diversen Informationsquellen, die jedem frei zugänglich sind. Da ich kein Mediziner bin, sind nachfolgende Angaben ohne Gewähr.

Prellungen:

Sie entstehen bei Gewalteinwirkung von außen durch Tritt, Schlag oder Stoß. Dabei wird die Prellung mit und ohne Gewebsdefekt unterschieden. Die Prellung ohne Gewebsdefekt zeigt nur geringe Rötung, Schwellung und Schmerzen. Diese sind nur von kurzer Dauer und verschwinden nach wenigen Minuten wieder. Das Kennzeichen der Prellung mit Gewebsdefekt ist der Bluterguss (Hämatom, Blauer Fleck). Diese kann vom einfachen Bindegewebsdefekt bis zum kompletten Muskelriss reichen.
Meist handelt es sich bei einem blauen Fleck im Training um einen einfachen Bindegewebedefekt.
Massage ist wegen der Gefahr der Verkalkung des Blutergusses schädlich und sollte unterlassen werden!

Muskelkrampf:

Ein Muskelkrampf entsteht wenn der Muskelstoffwechsel gestört ist. Gerade als Anfänger kann es am schlechten Trainingszustand liegen. Der Muskel ist ermüdet und überanstrengt. Am besten behebst du diesen Krampf schnell, indem du die verkrampfte Muskulatur dehnst.

Muskelzerrung:

Ist deine Muskulatur nicht ausreichend erwärmt kann es bei einer schnellen Bewegung zu einer Muskelzerrung kommen. Dabei wird die normale Funktion des Muskels gestört und die Regulierung der Muskelspannung gerät aus dem Gleichgewicht.
Eine Muskelzerrung macht sich leider nicht immer sofort bemerkbar. Du spürst ein Unbehagen in dem Muskel. Dies äußert sich durch einen ziehenden Spannungsschmerz und führt zu krampfähnlichen Schmerzen.

Es empfiehlt sich zunächst den entsprechenden Muskel zu entspannen. Belastest du den Muskel weiterhin, riskierst du einen Muskelfaserriss.

Man kann einen Eisdruckverband anlegen, das Eis dabei aber nicht direkt auf die Haut legen. Gehen die Schmerzen nicht merkbar zurück könnte ein Muskelfaserriss vorliegen. Ansonsten entferne nach 10 Minuten den Verband und dehne im schmerzfreien Bereich. D.h. 10 Sekunden dehnen, entspannen, wieder dehnen. Führe 10 Wiederholungen durch. Auf gar keinen Fall behandle die Zerrung mit Wärme innerhalb der ersten 24 Stunden.

Muskelfaserriss:

Dieser tritt in der Regel während oder nach extremen Muskelbelastungen auf. Der Muskel ist einfach stark übermüdet und/oder übersäuert. Oder du hast dich nicht ausreichend aufgewärmt. Bei einem Muskelfaserriss verspürst du einen plötzlichen starken Schmerz, ähnlich einem Nadel- oder Messerstich. Je stumpfer der Schmerz, desto größer der Riss. Entsteht ein Bluterguss, könnte ein Muskel- oder Muskelbündelriss vorliegen. Ein Muskelfaserriss lässt keine weitere körperliche Betätigung in dem geschädigten Bereich zu.

Du musst den Muskel entspannt lagern und entlasten. So schnell wie möglich muss ein Eisdruckverband für ca. 20 Minuten angelegt werden. Danach für 5 Minuten den Verband abnehmen, so das der Muskelstoffwechsel nicht gestört wird. Lege den Verband 3-4mal an mit den entsprechenden Pausen.

Einen Muskelfaserriss muss sich auf alle Fälle ein Arzt anschauen, um die weiteren Schritte einzuleiten.
Verzichte für mindestens 24 Stunden nach dem Riss auf Alkohol und auch auf schmerzstillende Medikamente. Denn durch Schmerzunterdrückung erfährt die verletzte Muskulatur nicht die notwendige Schonung. Auch wie bei der Muskelzerrung ist Wärmebehandlung innerhalb der ersten Tage schädlich!

Gehirnerschütterung:

Bei einem starken Schock des Gehirns spricht man von einer Gehirnerschütterung. Dieser Schock verändert sofort die Gehirnfunktion und kann auch zur Bewusstlosigkeit führen. Man unterscheidet zwischen einer leichten oder schweren Gehirnerschütterung. Bei einer leichten Erschütterung kann vorübergehender Bewusstseinsverlust, Erinnerungsverlust und emotionale Instabilität auftreten. Eine schwere Erschütterung kann zu längerer Bewusstlosigkeit führen. Die Pupillen können erweitert sein. Veränderung der Atmung, mangelndes Gleichgewicht, gestörtes Sehvermögen sowie Erinnerungsverlust sind weitere Anzeichen einer schweren Gehirnerschütterung. Auf alle Fälle sollte ein Arzt oder ein medizinisch erfahrender Meister zugezogen werden, um das Ausmaß der Verletzung festzustellen. Dieser legt dann auch die weitere Verfahrensweise fest.

Gelenkverrenkungen:

Man spricht von einer Gelenkverrenkung, wenn die normale Ausrichtung eines Gelenkes gestört ist. Bewege eine Person, bei der du eine Verrenkung vermutest, nach Möglichkeit nicht. Verständige sofort die medizinische Hilfe. Nur ein Arzt oder eine erfahrene Person sollten eine Einrenkung vornehmen. Ansonsten könnte es zu großen Komplikationen beim Heilprozess führen.

Bänderzerrungen:

Verstauchung wird dies auch genannt. Dabei handelt es sich um die Überdehnung oder den Riss des Fasergewebes, das Knochen mit Knochen oder Knorpel mit Knochen verbindet. Es tritt am häufigsten auf bei plötzlicher Kraftanwendung, bei deren Kontrolle die umgebenden und schützenden Muskeln nicht stark genug sind. Die häufigsten Zerrungen sind Knöchel- und Knieverstauchungen. Durch gutes Krafttraining und Dehnübungen kann einer Verstauchung vorgebeugt werden. Starke, flexible Muskeln im Knöchel- und Kniebereich können da einiges abfangen. Speziell die vorgeschlagene Übung beim Zähneputzen eignet sich sehr gut zur Kräftigung dieser Muskulatur.

Was tun, wenn du dir doch eine Verstauchung zugezogen hast? Du solltest sofort mit Kühlung und Kompression beginnen. Des Weiteren solltest du die Gliedmaßen hoch lagern und ruhig stellen. Nach 10-20 Minuten Druckverband diesen für 3-4 Minuten lösen und dann wieder erneuern. Lasse den Druckverband bis zur ärztlichen Behandlung an. So kannst du die Schwellung eindämmen. Auf alle Fälle musst du bei Verdacht auf Bänderriss einen Arzt konsultieren.

Kampfkunst im täglichen Leben

Einfach Mensch sein

Die Ausübung der Kampfkünste kann dir eine neue Lebenseinstellung vermitteln. Du wirst mit den Problemen des täglichen Lebens anders umgehen. Probleme, welche vorher für dich unüberwindliche Hindernisse darstellten, werden zu kleinen Steinen denen du ohne weiteres ausweichen kannst. Das heißt nicht, dass du eine gleichgültige und überhebliche Einstellung zum Leben bekommst. Nein, ganz im Gegenteil.

Du kannst lernen, für welche Sache es sich zu kämpfen lohnt und für welche nicht. Durch das harte Training schärfst du deinen gesunden Menschenverstand. Dein Blick auf das Wesentliche im Leben wird gestärkt. Dies wird sich wiederum im beruflichen sowie privaten Bereich positiv auf dein Umfeld auswirken. Du bist einfach ausgeglichener. Kampfkunst kann dich lehren einfach Mensch zu sein. Und was kann es schöneres im Leben geben?

Anhang

Hier im Anhang findest du nun eine kleine persönliche Auswahl von Büchern zur Vertiefung des Themas Budo.

Ein sehr gutes Buch über die Geschichte der Kampfkünste ist ***„Kempo“*** von Alexander Dolin. Es ist spannend zu lesen und vermittelt neben der Geschichte auch die jeweiligen Prinzipien der einzelnen Stile. Manche nennen dieses Buch auch die Bibel der Budoka.

Ein weiteres interessantes Buch ist ***„Samurai-Geist“*** von Thomas Preston. Hier schildert ein alter Samurai, worauf es wirklich ankommt in den Kampfkünsten und im täglichen Leben. Es ist auch für Laien verständlich geschrieben und meines Erachtens sehr tiefgründig.

Zu den großen Klassikern der Kampfkunstliteratur zählen folgende drei Bücher:

„Hagakure“ von Tsunetomo Yamamoto

„Gorin-no-sho“ von Miyamoto Musashi

„Die Kunst des Krieges“ von Sunzi

An diesen drei Werken kommt eigentlich keiner vorbei, der sich langfristig mit Kampfkunst beschäftigt. Aber sie sind auch nicht so leicht zu verstehen. Auch hier steckt hinter einfachen Sätzen sehr viel mehr Sinn als man auf den ersten Blick meinen könnte.

„Budo - der geistige Weg in den Kampfkünsten" von Werner Lind kann ich ebenfalls empfehlen. Es ist ein gutes Buch, welches sich sehr umfangreich und detailliert mit der Philosophie des Weges auseinandersetzt.

Die folgenden Buchtipps haben auf den ersten Blick nicht viel mit Kampfkunst zu tun, doch ich finde es sind sehr wertvolle und tiefgründige Bücher. In ihnen habe ich einige Parallelen zu den Kampfkünsten gefunden.

„Kaito" von Hans Kruppa

„Die Möwe Jonathan" von Richard Bach

„Der Alchemist" von Paulo Coelho

„Der kleine Prinz" von Antoine de Saint-Exupery

„Der Pfad des friedvollen Kriegers" von Dan Millman

Das Internet ist auch eine unermessliche Informationsquelle über die Kampfkünste. Aber bedenke, viele Informationen sind nicht immer gute und richtige Informationen.

Die Website ***www.daigaku.de*** ist eine gute Adresse im Internet für jeden Kampfkunstinteressierten. Der Betreiber dieser Seite ist mein Lehrer Soke Heinz Köhnen. Die Seite setzt sich kritisch mit dem Thema Kampfkunst auseinander. Dort findest du sehr viele Hintergrundinformationen über die Welt der Kampfkünste und der asiatischen Kultur.

Kampfkunst funktioniert nicht nur mit dem Verstand, sondern vor allem mit dem Herzen. Aus diesem Grund habe ich diesem Buch den Namen „Geiko“ gegeben. Geiko kommt aus der japanischen Sprache und heißt übersetzt „nachdenken“ oder „die Haltung überdenken“. Geiko zielt auf das wirkliche Verstehen, dass den ständigen Kampf mit sich selbst zur Folge hat. Dies versuche ich auch für mich persönlich zu tun.

Nun möchte ich mich jedoch von dir verabschieden und dir alles Gute auf deinem Weg wünschen.
Ich hoffe, dir hat dieses Buch gefallen und kann dir den Einstieg in die Welt der Kampfkünste etwas erleichtern. Vielleicht konnte ich auch Menschen, die bisher nichts mit Kampfkunst zu tun hatten, für diese Kunst begeistern. Das wäre der schönste Lohn für meine Arbeit.

Und allen Menschen, die beginnen ein Buch zuerst von hinten zu lesen, sage ich „Hallo und Willkommen“ in der Welt der Kampfkünste.

Euch allen ein langes Leben, Glück und Gesundheit.
Der Weg ist das Ziel.

Sven Kleeblatt im Oktober des Jahres 2002